Geleitwort

Seit der Uraufführung von August v. Kotzebues Lustspiel „Die deutschen Kleinstädter" im Jahre 1803 weiß jeder: Wer hier zu Lande Spaß auf anderer Leute Kosten haben will, ohne dafür Nachteile befürchten zu müssen, braucht sich nur über die Kleinstädte und ihre Bewohner her zu machen.

Viel schwerer fällt es, das wirkliche Bild dieser Lebensform zu zeichnen. Das Wagnis, mit den Mitteln der Schönen Literatur und der Bildenden Kunst ein Kleinstadtporträt heraus zu bringen geht nicht jeder ein. Zu sehr droht die Hängepartie zwischen Städtelob und Stadtverhöhnung. Beispiele für das Gelingen gibt es. Das vorliegende Bändchen stellt sich dem Urteil der Leserschaft.

Unter dem kulinarisch anmutenden Titel „Consommé Althusius" nähern sich darin zwei heimische Kunst-Schaffende der kleinen, traditionsreichen Stadt Herborn an. Ihre Eindrücke und Empfindungen teilen die beiden dem Leser in Gedichten und Zeichnungen mit, die unterhalten und anregen sollen.

Johann Peter ist, als freier Schriftsteller mittleren Alters, schon länger in Mittelhessen tätig. Als Großstadtkind mit Auslandserfahrung hat er sich bewußt dem Land- und dem Kleinstadtleben zu gewandt. Sein Künstlername findet sich auf einschlägigen Publikationen über Friedberg und Weilburg. Besonders sympathisch ist sein Engagement für die Mundartpflege und die Erinnerung an den bedeutenden Heimatschriftsteller Ludwig Rühle aus Nenderoth.

Anke Eißmann ist ein Herborner „Gewächs" und hat, noch jung an Jahren, eine künstlerische Ausbildung im In- und Ausland absolviert.

Die Zusammenarbeit der beiden ließ einen munteren Bummel durch Gegenwart und Vergangenheit entstehen, zu Sagenhaftem, Erträumtem, Historischem und nicht zuletzt kritisch, doch stets humorvoll beleuchtetem Gegenwärtigem. Wir lesen unter anderem eine betörende, neue „Legende" vom Ursprung der „Herborner Bären", die Vision eines beschwipsten Stadtfest-Besuchers, der plötzlich mit Professoren der weiland Hohen Schule diskutieren kann, Impressionen von Plätzen und beliebten Gaststätten, erotische Gedankenspiele, Aktuelles über den Bahnhof und die Einkaufszentren. Die baulichen Zeugen am Wege kommen ebenfalls vor. Kurz: das Stadtleben in seiner Vielfalt wird mit Mitteln der Dichtung lebendig und anschaulich gemacht. Kommentiert wird die Lyrik von den luftigen Zeichnungen Anke Eißmanns, die Witz und Atmosphäre der Gedichte aufgreifen und akzentuieren.

Der Geschichtsverein Herborn hat sich gerne dazu entschlossen, dieses reizvolle Büchlein heraus zu geben. Es ergänzt seine historischen Bemühungen um die Heimatpflege und gehört in die Tasche zum Stadtbummel oder zu dessen Nachbereitung zu Hause.

Rüdiger Störkel
Zweiter Vorsitzender des Geschichtsvereins Herborn

Eine Legende

Gab's eine Jungfer, grün wie Klee.
Sozialarbeit war ihr Metier.
Ging in den Wald. Wollt' Beeren sammeln.
Lag da ein Bär. Der war am Gammeln.
Lag da auf seiner faulen Haut.
Und grüßte laut.
Sie war erschrocken.
Und er, der Bär:
"Bitte sehr.
Kannst dich hier zu mir hocken."
Sie hatte Angst. Man kennt das ja.
So plötzlich einem Bären nah.
Sie setzte sich zu ihm aufs Lager.
Ich singe, dachte sie. Das mag er.
Sie sang, und zu der reinen Weise
wiegt' der Bär den Schädel leise
und nahm ergriffen ihre Hand.
"Mein Kind", sprach er, wobei er stand,
"ich fühle es, du weißt es schon.
Ich bin ein Dorfschulmeisterssohn.
Um mich warb eine Zauberin,
doch nur nach Büchern stand mein Sinn.
Sie gab mir einen Liebestrank,
ich wurde davon leberkrank.
Dann bot sie mir ein dampfend Kraut,
woraus man süßen Nebel braut.
Gleichwohl. Ich sagte weiter: "Nein,
ich kann nicht dir zu eigen sein."

Consommé Althusius
Gedichte für Herborn

von Johann Peter
mit zehn Originalgrafiken
von Anke Eißmann

Verlag nomen extra
Herausgegeben vom
Geschichtsverein Herborn e.V.

Umschlaggestaltung und Layout Anke Eißmann

Satz, Druck und Bindung
Nexus Druck, Frankfurt a. M.

1. Auflage 2005

Copyright Nomen Verlag, Frankfurt a.M.

ISBN 3 – 980 9981 – 3 – 4

Der Jungfer wogt' der Busen schwer,
es gab jetzt kein Bedenken mehr.
"Was soll ich tun?" sprach sie gefaßt.
"Lad auf", sprach er, " mich dir als Last,
und trage mich in deine Stadt.
Vermagst du es, wirst du nicht matt,
noch vor der Morgenröte Schimmer
bin ich erlöst. Sonst Bär auf immer."
Die gute Maid, sie band ihn auf,
nahm Rückenleiden fromm in Kauf,
und schaffte es mit letzten Kräften
die Haut ans Innentor zu heften.
Dort klebt sie noch, ein scheuer Schatten
von einst, als wir noch Bären hatten.
Wer zu uns kommt, der will wohl wissen,
ob wir dieselben nicht vermissen.
Da schweigen wir. Es ziemt sich nicht,
daß man von solchen Wundern spricht.
Nur eins. In dieser schönen Stadt
hab' ich für mich herausgefunden:
Nicht jeder, der 'nen Bären hat,
bekam ihn aufgebunden.

Konkurrenz

Der einzige ernstzunehmende Konkurrent
für einen lyrischen Dichter in Herborn
ist ein Bestattungsunternehmer nahe dem Markt.
Er wirbt in seinem Schaufenster für den
letzten Gang
mit solch bildhafter Inbrunst,
daß man ihn eher heute als morgen anträte,
jenen letzten, den Gang.
Vorausgesetzt, man liebt Poesie
und verachtet das Leben.

Marktcafé

Pharmavertretrer
Schumi-Anbeter,
Kleinspekulanten,
Milchkaffeetanten,
Website-Designer,
Eintracht-Beweiner,
Lokalredakteure,
Freizeittenöre,
Lehrkrankenschwestern,
Divas von gestern,
Hilfspolizisten,
Feiertagschristen,
Holländerschnitten,

Weltreise-Briten,
ein Sinnierer aus Sinn,
eine Sinn-Sucherin,
auch mal wer vom Magistrat,
und der Kopf vom Kopfsalat,
um die andern noch zu nennen,
müßte man die Namen kennen.
Name – pfui, wie indiskret,
wenn er nicht im "Echo" steht.
Bleiben wir hübsch allgemein:
jeder findet sich hier ein.
Auf und an garnierten Tischen
kleine Lichter, und dazwischen
huschen fleißige Bediener,
"Frollein, ham se ooch Berliner?" –
Dies ist der Ruheraum der Stadt.
Es fehlt nur eines: Kaffee satt.

Dill

Der Name wie ein Küchenkraut,
rasch ist dir auf den Grund geschaut,
die Strömung zahm, aus Kies das Bett,
Plötzen tummeln sich, recht fett,
am Ufersaum blühn Weideröschen.
Ein Reifen. Dort ein Windelhöschen.
Doch insgesamt, ich will's bekennen,
darfst du dich Fluß, nicht Ausfluß nennen.

Stadtkirche

Vielleicht fand in den schlimmen Tagen,
als Krieg und Elend war im Land,
man sich zusammen hier im Tragen
und gab sich brüderlich die Hand.
Vielleicht, daß die gelehrten Männer
hier trösteten mit Gottes Wort
und daß ein jeder zum Bekenner
der Hoffnung wurde hier am Ort.
Denn feste Burgen waren nicht.
Nur Sand, auf den die Welt gebaut.
Kaum in das eigne Angesicht
hat man zu blicken sich getraut.
Da war allein im Geiste Halt
und stark nur dort die Waffen,
das Wort stritt wider die Gewalt,
die Liebe neu zu schaffen.
Nun tritt herein. Die Burg ist fest.
Die Türe steht dir offen.
Und wenn du's dich betreffen läßt,
sei eines nicht: betroffen.
Sprich ein vergessenes Gebet.
Dann schau in einem wachen Traum,
wie durch den stillen Innenraum
der Schatten jener Großen geht.

Herborns Altstadt

Die Häuser stehn aus Lehm und Holz,
erdbraun und ochsenblut gestrichen,
noch ungebeugt im Bürgerstolz
und keinem fremden Herrn gewichen.
Und eines drängt ans andre sich
wie gute Nachbarn in der Not,
hier zieht man keinen Trennungsstrich,
kein Beckmesser fällt hier das Lot.
Der Hohen Schule strengem Geist –
sie sind ihm irdne Gegenbilder,
wo froh gefüllt der Becher kreist,
beurteilt man den Ketzer milder.
Und weiß, geneigt zum Lärm der Gassen:
Wer leben kann, kann leben lassen.

Kulinarische Notiz

In einem Restaurant unweit der Hohen Schule
aß ich ein Comenius-Steak, das vortrefflich
zart war,
indes mir die Consommé Althusius
ein wenig säuerlich vorkam.

Rehberg-Park

Baumkronen, mächtig.
Ein Falter spielt übers Gras.
Haltlos der Himmel.

Altes Lied, alte Heimat
(Für Sergej, Alex, Nikita)

Apfelbäume, Birnbäume blühen;
ein Mädchen steigt die steile Uferböschung
hinauf,
läßt den breiten Fluß unter sich.
Sie singt ein Lied, ein Lied für ihn,
den Geliebten.
"Fliege", singt sie, "mein Lied,
der hellen Sonne fliege du nach,
zu ihm, der an ferner Grenze
die Heimat beschützt."
Wird er denken an sie?
Hört er das Lied, das sie für ihn singt?
Sie steigt hinauf, die steile Uferböschung hinauf.
Und der Himmel,
der breite Fluß,
sie tragen ihr Lied mit sich fort.
Ferne Grenze.
Rodina, Heimat.
Dem es galt – er wird sie nicht hören.
Dem es galt – er versteht sie nicht mehr.

Zu einem Vorschlag, mehr Licht ins Dickicht der Städte zu bringen

Den alten Kirchhof birgt die Mauer,
so alt wie er, aus gutem Stein,
gebaut zum Schutz und für die Dauer,
denn manche Mauern mußten sein.
Allein, es stieß daran sich heftig
den Kopf die fromme Volkspartei:

Im Mauerschatten sei geschäftig
Gesindel, heckend Schurkerei.
Gar dunkles Treiben herrsche dort.
Der Schandfleck, mithin, müsse fort!
Gemach. Zwar sah man eine Mauer
bei uns schon schwinden ohne Trauer,
doch nimmt man solches Maß an allen –
die höchsten Häuser müßten fallen!

Alter Friedhof

"Es ist bestimmt
in Gottes Rath
daß mann vom
Liebsten was
mann hatt muß
scheiden"
Und sei es vom
Schnaps.

Die Uhr

Im Rathausturm die alte Uhr:
rückt Zeit Zeit ent-
rückt
– wie Uhren sind, die gehn,
indem sie bleiben.

Europe in 5 days
(as seen from Hauptstraße)

"Look, the old clock up there",
ruft sie und deutet zum Turm.
"Oh yeah, that's pretty. What's
the time?" sagt er und schaut
sein Handgelenk an.

Der Brunnenlöwe

Der alte Brunnenlöwe
ist ins Museum gesperrt.
Dort genießt er
hohes Ansehn
bei sämtlichen Mäusen,
und sie fragen ihn,
da er die Welt kennt,
in wichtigen Dingen um Rat.
"Lug und Trug", sagt er,
"regiert allenthalben.
Hütet euch
vorm Urteil der Menge.
Gehet ad fontem"
– er erinnerte sich,
daß sie Latein nicht verstanden –
"zur Quelle!"
Drei junge Mäuseriche,
vom Drang der Erkenntnis beseelt,
verschwanden hernach
im Toilettenabfluß.
Sie wurden nie mehr gesehen.
Am Brunnen, am Markt,
aber stehn die Touristen,
betrachten Becken und Zierrat,
und es spricht einer zum andern:
"Schau, der historische Löwe.
Ein prachtvolles Stück!"

Marktplatz

Die ganze Welt ist hier zuhaus,
packt ihre Zigaretten aus,
nimmt aus der Pulle einen Schluck,
reckt forsch das Kinn wie Käpt'n Huck,
drückt sich die Walkman-Stöpsel rein
und ist alsdann mit sich allein.

Hauptstraße, Sommer

Mütter schieben Kinderwagen,
Herren, die 'nen Binder tragen,
Opas schleppen Einkaufstüten,
Omas sind am Enkel-Hüten,
Schüler, die ihr Soft-Eis schlecken,
Stepkes, die zwei Tauben necken,
Touris, die nur Englisch sprechen,
Alkis, die um 10 schon zechen,
Frauen, die mit Kopftuch gehen,
andre lassen alles sehen,
Schnösel, die in Handys quaken,
Pärchen, die sich unterhaken,
Dicke, die sich Kühlung fächeln,
Dünne, die nach Stärkung hecheln,
Teenys, die wie Models stelzen,
Bubis, die verliebt zerschmelzen,
Biker, die auf Bänken rasten,
Banker, die zum Bäcker hasten,
Zivis, einen Rollstuhl drückend,
Dame, ungeschickt sich bückend,
Russen, die Akkordeon spielen,
Hosen, die nach Röcken schielen,
Dachdecker, die Witze machen,
über die Frisösen lachen,
Hunde, die ans Eckhaus pinkeln,
Spatzen, die wie Stare finkeln,
Punker, die ihr Gel erneuern,
Pauker, die ins Café steuern,

Mütter schieben Kinderwagen...
War schon da. Drum weitersagen:
Übern Ku-Damm zu Berlin
kann bunter nicht das Leben ziehn.

Einer gewissen Bedienung in einem gewissen Herborner Bistro gewidmet

Selten hat mich wie deine
die Schönheit einer Frau so berührt.
Pantherin, friedvoll,
Lianendickicht durchschreitend –
du machst mich zum beutegierigen Schaf,
das im Zickzack rastlos
um Stallwände kreist.
Geschmeidig dein Schritt, der mich von dir entfernt
und immer näher dich bringt.
Dein Haar in lodernder Schwärze. Nacht,
vom Schwarmspiel dürstender Falter zerweht,
und diese Ruhe im Blick,
die Erlöschung, Erlösung verheißt.
Sag', was aus rotem Strickpulliabgrund
dir nackenwärts züngelt,
dies Tattoo-Blütenblatt, ist es
das Lispeln der Schlange,
wenn von hinten zur spöttischen Stirn sie,

zum Reich der Erkenntnis emporpirscht?
Ist's vom Flammenkranz des tanzenden Schiwa
ein Strahl?
Abwartend erscheinst du, ernst und verläßlich
in Grausamkeit wie auch im Glück.
Und unbeholfen stellt deine Beute dir nach,
ein lüsternes Lamm, im Anschlag
die Flinte, die
Tinte.
Bringe mir, Pantherin,
von diesem Rauschtrunk noch einmal,
der liebestoll, geschwätzig
und schafsinnig macht,
den aphrodisischen Aufguß,
den ihr "Milchkaffee" nennt.
Einmal noch, und ich
schweige.

Will schauen,
will schlürfen,
will schwelgen,
will...
"...zahlen!"

Johanneum

Das Gymnasium Johanneum
ist ein Schulhaus, das weder gymnasium
noch johanneum aussieht.
Es ist einfach eine von den zahllosen Platt-
Baulichkeiten,
die der Finanzminister dem Kumi aufgedrückt hat,
und daß man es latinisiert,
verleiht ihm so viel Würde
wie einem Flickschuster,
der sich Satorius nennt,
ein Trick mit Tradition, immerhin.
Andererseits:
Auch wenn die Zukunft kein Latein hat,
hat doch Latein eine Zukunft.
Scholae nominatur Johanneum
propium est centrum excellentiae
MINT
(id est:
M̲iseria I̲ntellectus N̲ullorum T̲riumphus.)
Quo modo reputatio institutionis
contra aspectum edificii
fortiter augmentabitur.
Alles klar?
Johanneum!

Echo und Blatt

Das "Herborner Echo" heißt "Herborner Echo",
weil es das Herborner Echo des "Herborner
Tageblatts" ist,
während das "Herborner Tageblatt"
dem Herborner Echo als Tagblatt vorausgeht.
So kann man tagelang blättern
und hat immer ein Echo.

Eiscafé, draußen

Hab' schon den zweiten
Cappuccino getrunken, und schon wieder
kommen dieselben Gesichter vorbei.
Jetzt bestell' ich mir aber
nen Latte Macchiato
und andre Gesichter!

Der arme Icke

Ach lieba Jott, ick bitte dir,
jönn mir noch eene Flasche Bier,
ick tu uff Ehrenwort versprechen,
ab morjen allet selbst zu blechen.
"Hinz", ruft die Stimme aus der Wolke,
"wir haben hier kein Bier.
Auch Nektar nicht. Wir trinken Molke,

und ab und zu Kefir.
Wir haben uns Diät verschrieben,
hier geht nichts mehr auf ex,
und auch der Sakramente sieben
kürzten wir auf sechs."
"Mein Jott, ach jott, ooch ihr habt nischt?"
barmt Hinz in einer Tour.
"Se ham euch also ooch erwischt
mit ihra Konjunktur!"

Monolog im Pfarrhaus zu Herborn, A.D. MDCXXXII

(Studierstube des Pfarrers, auf dem Lesepult
aufgeschlagen
ein Buch des Jesuitenpaters Friedrich von Spee)
"Denn es gebühret mir nicht,
unter derjenigen Zahl gefunden zu werden,
welche der Prophet verwirft,
dass sie stumme Hunde seien,
so nicht bellen können."
(Friedrich von Spee, Cautio Criminalis, 1631)
Und item, daß die peinliche Befragung
nur Mittel sei, ein bübisches,
jedwede Wahrheit, so der Richter hören wolle,
abzupressen –
was maßt der Herr sich an, solch Urteil
abzugeben!

Wer schuldlos ist, dem gibt Gott selbst die Kraft!
Und dann: Gewalt –
der Scherge, der sein Werkzeug zeigt –
er zeigt es erst, auf daß es nicht zur Anwendung gelange,
alsdann, wenn Hochmut sich mit Trotz gepaart,
er's Eisen glühend macht – auch jetzt noch Zeit,
noch Zeit, den Frevel zu gestehen –
erst dann, wenn eindringlich Ermahnen seiner Wirkung ganz enträt,
dann Hand erst an den buhlerischen Leib zu legen –
das sei Gewalt?
Ei freilich ist`s Gewalt. Und wäre es ein Schaden, größer noch,
wo nit.
Es sinnt der böse Feind auf arge Listen,
und schlüpft, der Wolf, in des Erbarmens Kleid.
Allein die Strenge schirmt den wahren Christen
vor Blendwerk und der Höllen Neid.
Traun, da fielen Verse mir ein, daraus sich ein Choral machen ließe.
Es sei. Ich bin unruhigen Sinnes.
Ob es ein Trugbild wohl wäre, was wir alles gehört?
Daß ausgefahren sie, zur Mitternacht, auf einem Besen,
den sie zaub'risch eingesalbt, an einen Ort
auf Bergeshöhe, wüst, dortselbst viel ihresgleichen angetroffen,

im Gelage verbracht, im Taumel, die Nacht,
mehrmals mit dem Satan fleischlich sich
vermischt,
der, sei´s als Junker, sei´s als Geisbock ihr genaht –
all dies, wir haben's hundert, hundertmal gehört,
zu oft – und sollten´s jetzt bezweifeln?
Und alles, was uns einbekannt, sagt jener Herr,
sei nur ein sinnenleerer Schmerzensschrei..
Häretiker, daß du dieses dein Hirngespinst
in peinlicher Befragung
höchst eigen widerrufst!
"...so wird sie gefoltert, dass sie die Wahrheit sage,
d.i. sich für eine Zauber`sche bekennen soll.
Sie mag anders sagen, was sie wolle,
so ist es nicht wahr und kann nicht wahr sein.
...
Wenn der Anfang des Folterns gemacht ist,
so ist das Spiel gewonnen,
Sie muß bekennen, sie muß sterben."
Und doch – es wäre nur ein Funken Wahrheit
dran –
unsäglich wär' die Schuld!
Ha, schuldig wäre, wer im guten Glauben handelt?
Gott gab das Schwert der Obrigkeit, daß sie es
führe.
Der Teufel spannt sein Netz um diese Welt,
es hüte sich, wen er umgarne und umschnüre,
Herr Christ, sei du der Anker, der mich hält!
Noch gestern, als die Wagnersche zum Richtplatz
ich geleitet –

dreimal hat sie gestanden,
und widerrief,
noch eh die Eisen abgeglüht –
da sah ich ins Aug' ihr,
wie um ein letztes Mal zu mahnen –
'Bereue.' Sprach ich. 'Dann
kann irdisch Feuer
dich vor höllischem bewahren' –
da traf ihr Blick den meinen und mir war –
närrisch lästerlicher Einfall! –
mir war, als müßte meine Knie ich beugen,
ja so, als trüge sie ein Kreuz, das ich nur sah.
Tolldreistes Zeug! Gott sei mir gnädig.
Treibt der Leibhaftige schon seine Possen
mit mir?
Ein glühend Eisen.
Mit Eisen haben sie zu Golgatha...
Sie läuten! Ich komme.
Es ist die Marein, jetzt, vom Schmied. Blutjung.
Sei standhaft, Herz.
Wer schuldlos ist, dem gibt Gott selbst die Kraft.

54 Sekunden
(07. Juli 1987)

Du sitzt in deinem Wohnzimmer.
Der Fahrer tritt auf die Bremse.
Du sitzt in deinem Wohnzimmer.
Der Fahrer hält den Fuß auf der Bremse.
Du sitzt in deinem Wohnzimmer
und rührst den Kaffee.
Der Fahrer hält den Fuß auf der Bremse.
Du rührst den Kaffee.
Der Fahrer hält den Fuß auf der Bremse.
Die Bremse bremst nicht.
Du sitzt in deinem Wohnzimmer.
Der Fahrer hält den Fuß auf der Bremse,
du sitzt in deinem Wohnzimmer,
die Bremse bremst nicht,
du sitzt in deinem Wohnzimmer
der Fahrer hält den Fuß auf der Bremse,
du trinkst Kaffee.
Der Fahrer hält den Fuß auf der Bremse.
Du sitzt in deinem Wohnzimmer.
Der Fahrer hält den Fuß auf der Bremse.
Die Beläge glühn rot.
Du trinkst Kaffee.
Du blätterst in der Zeitung.
Der Fahrer hält den Fuß auf der Bremse.
Der Fahrer sitzt hinterm Steuer.
Der Fahrer steuert nicht mehr.
Du blätterst in der Zeitung.

Du trinkst Kaffee.
Du sitzt im Wohnzimmer
...
Dein Wohnzimmer
gibt es nicht mehr.
Dein Haus
gibt es nicht mehr.
Dich gibt es

nicht mehr.

Am Bahnhof

Du durchschreitest die Halle,
in der es, Seltenheit,
noch einen Schalter gibt,
an dem ein lebendiger Mensch sitzt,
und schlimmere als diese Halle
fandest du auch,
du trittst hinaus auf den Bahnsteig,
und vorn und hinten,
links und rechts,
nach Norden, nach Süd
greift der Schienenstrang aus
wie ein Arm in den Raum,
wie ein Arm
in die Zeit..
Eiserne Bahn,

Breitengrad 50,
7-17 westlicher Länge,
ein Hauch von Fernweh,
der nach Kohle, Ruß
und Wasserdampf schmeckt.
Schließ die Augen.
Am Bahndamm,
siehst du die Kinder,
barfuß, von Sinn,
Ehringshausen,
Wehrdorf und Aßlar,
wie sie schauen,
Schildmützen,
Taschentuch
schwenken,
winken,
und Waggon
um Waggon
um Waggon
rumpelt vorbei,
in die Welt,
die so weit war,
wie der Schienenweg lang.
Spuren am Himmel.
Gleise,
von Überschalljägern.

Bleibe eisern,
eiserne Bahn.

Anm.: Das Gedicht wurde Anfang Juli 2003 geschrieben. Seit dem 01.08.2003 ist die vierte Zeile nur noch Historie. Auch an diesem Schalter sitzt nun kein lebendiger Mensch mehr.

Eine Erscheinung unweit der Hohen Schule

Nacht war, Stadtfest. Recht bezecht.
Doch fühlt' ich mich nicht eben schlecht.
So la la, so la la.
Am Kornmarkt trennten wir uns dann,
die Kumpels links, ich blieb zurück.
Und setzte mich ein kleines Stück
am Bärenbrunnen hin,
zum Geistesblitz im Schneidersitz,
worin ich Meister bin.
Ich schloß die Augen. Hörte Rauschen
und fing an, wie geübt, nach innen zu lauschen.
hörte Stimmen aus der Ferne,
wie, na sagen wir, von einem anderen Sterne.
Man weiß ja, daß es das gibt.
Näher kam es. Ich regte mich nicht.
Vielleicht eine Fliegende Untertasse,
oder ne Matrix oder Patrix oder sonst was
aus der Hollywood-Abverkaufsmasse.
Ich regte mich nicht. Nur blinzeln, das tat ich,
dazu rat ich, es ist die perfekte Tarnung,
auch bei Unwetterwarnung
oder Fliegenalarm, im übrigen erhöht es
bei Männern den Charme,
ich regte mich nicht.
Im sparsamen Licht
der Straßenlaterne sah ich einen,
wie auf alten Bildern, möchte man meinen,

mit spitzem Bart und wallendem Haar,
und ähnlich der zweite, der bei ihm war,
der trug eine breite Krause am Hals,
wie Gänseschmalz, weiß,
und wie gestikulierten, disputierten die beiden,
heiß, als müßten sie jedes Komma beeiden,
und sprachen mit "wenn, gesetzt, daß und falls"
vor allem der mit dem Kragen aus Schmalz,
lateinisch, ich hab das identifiziert,
wenn beschickert, bin ich, falls, sprachlich versiert.
"Erziehen, das heißt behutsam gestalten
und was Gott in den Menschen gelegt hat,
entfalten."
Sprach der ohne Krause, dann war eine Pause,
über der Stadt sah ich's wie Feuerschein schimmern.
Ich war zu müde, um mich zu kümmern.
Auch Lärm, wie Kriegstrommeln, drang jetzt
zu mir.
Zu viel Schnaps. Dachte ich. Whisky. Cola.
Und Bier.
Und wünschte mir den Westfälischen Frieden,
entschieden.
"Wohl", hörte ich dann den anderen sprechen.
Auf ihre Art schienen sie gleichfalls am Zechen.
"Des Volkes Recht ist, sich selbst zu bestimmen",
und das Gesicht schien auf der Krause zu
schwimmen
wie die Seerose auf der Teichfläche schwimmt.
Bevor die Sache

was es auch sei,
eine akademische Wendung nimmt,
trage ich bei,
sagte ich mir und zählte bis vier.
"Meine Herren, lala, mir ist es nicht einerlei,
ich bin so frei,
was Sie da disputieren,
auch verstehe ich gut, daß Sie sich echauffieren,
wenn Welt in Trümmern liegt und Scherben,
das kann einem schon die Laune verderben.
Was dieser heute baut,
reißt jener morgen ein,
und was man nicht verdaut,
das läßt man besser sein."
Da klomm ich an mir selbst empor.
Sprach "lalala". Und man war Ohr.
"Vor Ihnen", sprach ich, "lalala,
steht ein mündiger Bürger mit entfalteten Gaben,
wie Bürger bei uns sie nach Stadtfesten haben.
Ich darf darum bitten,
nichts zu verschütten,
vom Born der Weisheit, aus dem Sie mich laben.
Das Volk, verlaub, bestimmt sich selber,
wir sehen's Tag für Tag,
man gibt ihm einen neuen Herrn,
den es dann wählen mag,
Um dies zu können, wird's erzogen,
das Wort bei uns reimt auf belogen..
In unserer schönen neuen Welt
ist nichts, was sich noch stößt,

die Fragen, die Ihr einst gestellt,
voila, sie sind gelöst!.
Und nun, gut Nacht, Ihr Herrn, gut Nacht,
ich sage es ganz ehrlich,
der Casus wird beschwerlich, lala,
und dann auch noch der alte Reim –
dabei war mir nach Rap,
ich Depp. Lala. Muß heim.
Die Fragen, hört Ihr, sind gelöst.
Jetzt geht's um unsre Renten.
Um Sommerlochenten,
Steuervergünstigungsabbaugesetze.
Supertrampopenairgratisfreiplätze..."
Weg. Vom Erdboden verschluckt.
Es hätt' mich doch gejuckt,
noch die Replik zu hören.
Doch soll man keinen stören.
Große Geister, die verweilen,
sprechen meistens zwischen Zeilen.
Der Feuerschein war Feuerwerk,
der Kriegslärm Rumba-Sound,
dies nur zum Abschluß als Vermerk.
Bleibt weiter gut gelaunt.

Comenius

Sein Abbild wölbt sich aus der Mauer,
ein Zauberer, der Kinder schreckt –
so scheint er, weil ein Zug von Trauer
die Güte des Gesichts verdeckt.
Er zollte seiner Zeit Tribut,
dem Feind das Heim, das Weib der Pest,
in allem Schwinden blieb der Rest
von Glaube, Hoffnung, Liebesmut.

Daran hat er sich aufgerichtet,
was aus dem Lot war, neu gewichtet,
den Schöpfer im Verlust geehrt,
die Menschen Mensch zu sein gelehrt.
Kein Zauber dunkelt dies Gesicht.
Geist ist es, der durch Mauern spricht.

Landesfarben am Imbiß

Bratwurst.
Ketchup.
Senf.

Ode an die Freude
(Herborner Version)

Mir freue sich!
Dir freue mich!
Ihm freue dich!
Uns freue euch!
Euch freue sich!
Ihnen freue uns!

Anm.: Aus der Sicht der vergleichenden Sprachwissenschaft zeigt dieser Beleg, daß Herborn auch in puncto Freude einmalig ist.

Gelände im Umbruch

Ein Haufen Pflastersteine.
Ein Bagger.
Und die Verheißung,
daß alles wieder so wird,
wie es nie war.

Rathaus (barock)

O Tor und Tür aus Eichenholz,
o Wappenband, o Bürgerstolz,
o Haus des Rates in der Stadt,
wohl dem, der hier das Sagen hat!
O Schuldenberg, o Steuerloch,
o Masseschwund, o Magerkoch,
o roter Stift, o blankes Blatt,
weh dem, der hier das Sagen hat!

In Hitze

Ein Rottweilerrüde wässert den Teppich.
Sommer. Die Stadt – dampft vor sich hin.
Der greise Budiker Adelfried Leppich
zapft schales Bier in Krüge aus Zinn.
Zinnerner Krug wie er einstmals gefaßt
mannhaften Trunk mit gischtendem Schaum.
Was noch in solche Bauchkrüge paßt –
mehr braucht das Volk nicht an Raum.
Wie ist man -heil! – übern Globus marschiert,
zu Herren, zu Herrschern geboren!
Und hätt' nicht der Ami Dollars geschmiert –
man hätte niemals verloren.
Den Leppich reißt's im verbliebenen Knie,
er hämmert den Takt auf den Tresen.
Im Ohr donnert schwere Artillerie;
das ist der Marsch der Prothesen.
Das ist der Unbesiegbaren-Marsch,
der Marsch der Dolchstoßlegenden:
und ist schon in Wahrheit alles am Arsch,
im Suff läßt sich alles noch wenden.
Wie lechzt nach Krügen, nach Kriegen die Stadt,
wie waidwunde Tiere, die schweißen.
An solchen Tagen vergißt man sich glatt,
und auch, daß sie Hundstage heißen.

Denkmal

Heil dir im Taubendreck,
Herrscher am Hundefleck,
Heil, Kaiser dir !
Nachttopf auf Reckenhaupt,
Portepee rußverstaubt,
Pfützen aus Bier.
Heil dir im Siegerkranz,

du schlugst den frechen Franz-
mann famos.
Was dir dein Kanzler riet:
der war dein Ränkeschmied,
du nicktest bloß.
Säbel, Fanfarenstoß,
Knebel und Gernegroß,
das war geschickt.
O Deutschland, Mutter bleich,
wie hat der Traum vom Reich
dich doch verstrickt!

Heil dir im Siegerkranz,
das wird ein Eiertanz,
was sagt Pertuis?
Pertuis sagt gar nichts mehr,
ist schon so lange her,
alles perdu.
Ach ja, passé, perdu,
komm, Karo, Hundchen, sprüh
'ne Inschrift dran.
Wer der da oben war?
Halt so ein deutscher Zar.
'n oller Mann.

Theologisches Seminar

Die Linde im Hof,
an den Mauern das Efeu.
Sursum corda,
Ragen und Ranken,
die Herzen empor.
Im nahen Kirchturm
zerschlägt ein Uhrwerk
Ewig
keit
in handliche Viertel.
Sursum corda. Luther
& Sölle.
Am Anfang
das Wort.

Der Hickel-Hackel-Blues

Jeden Morgen, 7.20,
führt mein Weg mich durch die Stadt,
manchmal schleich' ich, manchmal tanz' ich,
doch im Grunde hab' ich's satt.
Denn mein Weg führt hin zur Pforte
eines Amts von jener Sorte,
die wie lebenslange Haft
hinrafft beste Manneskraft.
Ich bin dort nur Zeitarbeiter
und deshalb zeitweise heiter,
liebe gar die Morgenstunde
trotz des Golds in ihrem Munde.
Lieb's mich schlendernd zu ergötzen,
statt zur Arbeit mich zu hetzen,
schau auch mal hinab aufs Land,
wo ich manchen Euro fand.
Seit drei Wochen ungefähr
fällt mir solches Schlendern schwer.
Seit drei Wochen ungefähr
hab' ich hinter mir Verkehr
von zwei Hickel-Hackel-Klickel-Klackel-Stickel-
Stackel-Stöckel-Schuh'n.
Ja, was nun?
Blöde Kuh, dachte ich dann,
sah die Störung näher an,
das Geräusch war miserabel,
doch das Fahrgestell passabel.
Das sag' ich der Fairneß wegen,

denn mich konnte nichts erregen,
ich bin automatisch zu,
hör' ich
Hickel-Hackel-Klickel-Klackel-Stickel-Stackel-
Stöckel-Schuh':
Saß ich endlich im Büro
an der Akte Soundso,
las zum hundertzehnten Male:
"Soundso, du Lump, bezahle!"
Freilich in gesetzten Worten,
das verlangen die Konsorten,
plötzlich standen da am Rand,
wie's geschah, bleibt unbekannt,
denn ich weiß doch, was ich tu! –
zwei Hickel-Hackel-Klickel-Klackel-Stickel-
Stackel-Stöckel-Schuh'.
Dienstbesprechung ist um zehne,
Dr. N. merkt, daß ich gähne,
Amtmann P. schnaubt wie ein Gnu,
und ich nicke, mache: "Muh!",
denk' : "Wie gut tät' der Bagage
eine grelle Hirnmassage –
überhaupt, das wär' der Clou! –
mit 'nem Hickel-Hackel-Klickel-Klackel-Stickel-
Stackel-Stöckel-Schuh'.
Mittags in der Kaffeepause
spricht mein Nachbar, Herr Banause,
über seinen Sparvertrag,
wozu ich ein Würstchen nag'.
Wenn er mir erhitzt erklärt,

wie sich die Rendite mehrt,
seine Lippe sich befeuchtet,
wobei kühn die Brille leuchtet,
klopf' ich mir bloß eins dazu
wie zwei Hickel-Hackel-Klickel-Klackel-Stickel-Stackel-Stöckel-Schuh'.
So ging's morgens, so ging's mittags,
ging's am zweiten, ging es drittags,
ob am Schreibtisch, am PC,
ob beim Kaffee, ob beim Tee,
ob beim Klatsch, beim Paraphieren,
ob beim Knatsch, beim Intrigieren,
auf dem Gang, am Telefon:
überall derselbe Ton.
Selbst am Örtchen, dem gewissen,
wenn ich dringend mußte müssen,
zuckten rhythmisch meine Schenkel,
ich benetzte beide Senkel,
und es tröpfelte, nanu,
auf den Lack – ich schaute zu –
wie zwei Hickel-Hackel-Klickel-Klackel-Stickel-Stackel-Stöckel-Schuh'.
Und ich lieg' allein im Bett,
war das Abendmahl zu fett,
träume schwer von engen Gängen,
worin Spüke mich bedrängen,
weiß vorm Fenster Frühlingsdüfte,
neuerwachte linde Lüfte,
ach, da kommt ein leises Klopfen,
wie auf Glatzen Regentropfen,

bis sich in die wunden Ohren
flehend meine Finger bohren,
lalle wie vom Alp gepackt
den Hickel-Hackel-Klickel-Klackel-Stickel-
Stackel-Stöckel-Takt.
So ein Akt!
Bin beim Aufstehn wie begraben,
nein, das muß ein Ende haben,
denn die Hickel-Hackel-Stackel-Und-So-Weiter-
Schuh',
die schaffen mich sonst in die Truh'.
Heute morgen, 7.20,
führt mein Weg mich durch die Stadt,
hinterm Busch den Kriegstanz tanz' ich,
ja, gleich findet etwas statt.
Ich studiere mein Objekt
durch das Blattwerk, unentdeckt,
meine Ohren gut verschlossen,
Schnulzensirup reingegegossen,
wadenaufwärts, ohne Laut,
(hm, es prickelt auf der Haut)
diese Dame so beim Gehen
läßt sich sehn, läßt sich sehn.
Mädchen, denk' ich, warum preßte
dich aufs klapprige Podeste,
glaubst du, daß du mehr gefällst
zarten Fußes so gestelzt?
Und ich pfeife ohne Schmus
ihr den Hickel-Hackel-Klickel-Klackel-Stickel-
Stackel-Stöckel-Blues.

Da ist sie an mir vorbei,
auch von hinten allerlei!
Mann, die Frau wär' mit Sandalen
überhaupt nicht zu bezahlen!
Jetzt laß' ich mein Lasso schwirren -
nein, damit wir uns nicht irren -
(das sag' ich für Chauvi-Mahner)
ich war immer schon Indianer.
Mein Kriegsname ist: "Der zischende Pfau".
Ich treffe auf 20 Meter genau
den Absatz jedweder Frau.
Tarnte mich nur zwischendurch
als verklemmter Schreibtischlurch,
wäre es auch fast geblieben,
hätte nicht zu mir getrieben
der Geist des Großen Manitu
zwei Hickel-Hackel-Klickel-Klackel-Stickel-
Stackel-Stöckel-Schuh'.
Den linken fing ich jetzt, juchhu!
Es gab einen kurzen Ruck.
Die Dame blieb verwundert stehen.
Sie konnte ja nur sehen,
daß es kaum weiterging,
weil sie an etwas hing.
Da trat ich mit entsiegeltem Ohr
artig aus den Büschen hervor.
"Haugh, schöne Frau", sprach ich, "erlauben,
dies tat ich nur, weil sie mir rauben
seit Tagen den I.Q.
Sie und jene beiden Schuh'."

"Ach", zirpte sie, "nanu,
Sie sind mir ein Filou!
Das sind doch bloß zwei Schuh',
zwei dumme kleine Schuh',
zwei Hickel-Hackel-Klickel-Klackel-Stickel-
Stackel-Stöckel-Schuh'.
Was können die dazu?"
Ich erklärte in bildhaften Worten
und ganz ohne Hick und Hack,
sie folgte mir von dorten,
es machte mal"klick" und mal "klack".
Das weitere ergab sich so,
wir fehlten beide im Büro.
Und da wir geworden einigen Sinns,
steht ein Paar breiter Mokassins
vorm Bett und daneben, in wohliger Ruh'.
zwei Hickel-Hackel-Hackel-Klickel-Klackel-
Stickel-Stackel-Stöckel-Schuh'.

Schwalbe
(Rehberg-Klinik, 17. August 2003)

Der kleine Vogel scheint im Himmel zu ertrinken,
in diesem unbehausten Zwischenraum.
Da steht man, will ihn warnen, will ihm winken:
dort, nimm den Baum!
Das ruhelose Leben auf den Meeren,
die über uns und in uns sind –
Gefahr, gewiß. Doch wer kann uns belehren?
Allein der Wind.
So gleite, Segler, laß dich treiben,
der gutgemeinte Rat betrifft dich nicht.
Die Höhe, die du schon erreicht,
sie wird dir bleiben,
und auch, was dir im Schwinden gleicht:
das Licht.

Die Liebe kommt

Die Liebe kommt auf leichtem Fuß,
als streife sie die Erde nur,
am Ende geht sie wie der Blues,
dazwischen liegt ein Treueschwur.
Aus Leos Bar um Mitternacht
nahm sie ihn mit nach Hause,
erst gab es eine Redeschlacht,
danach die lange Pause.

Und schließlich kam es, wie es kam,
ein himmelhohes Ja.
Bis sie sich einen andern nahm,
das war bei Angela.
Halt, rufst du, nein. So war es nicht.
Es war ja umgekehrt.
Er ging davon im Dämmerlicht,
sie hat sich nicht gewehrt.
Mag sein, es war, wie du es sagst,
mag sein, es war, wie ich's.
Es ist nicht deins, was du beklagst,
und auch betrifft nicht mich's....
...das habe ich mir weisgemacht –
daß mich der Affe lause!
Erst gab es eine Redeschlacht,
danach die lange Pause.
...
Als streife sie die Erde nur,
so ist die Liebe, wenn sie kommt.

Doch geht sie, legt sie ihre Spur,
als wär' ein Land zerbombt.

Dillturm

Ich stand davor, rief:
"Rapunzel, laß dein goldenes Haar mir herab."
Nichts geschah. Was für ein Glück!

Fit hoch 3

Sit-ups, Press-ups, Push-ups, Curls,
Servus Frauke, Boys und Girls.
Heiliger Trapezius,
gib, daß ich nicht leiden muß!
Das Anti-Maggi-Studio macht,
daß die Lust zur Last erwacht.
Übe Demut, lerne schwitzen.
Speck verschwindet nicht im Sitzen.
Hilf, oh Sankt Latissime
wie das knackt im großen Zeh!
Cellulitis und Arthrose,
präser-propper sitzt die Hose.
Hoppla, laß die Pfunde purzeln.
Finde, Mensch, zu deinen Wurzeln.
Schlank und rank war ich als Kind.
Wäre doch mein Spiegel blind!
Gute Absicht oft verpufft
in der Kaloriengruft.
Heiliger Sankt Quadrizeps-
Wasser oder doch ein Schweppes?
Klage nicht. Hör' auf zu granteln.
Beug' dich unters Joch der Hanteln.
Wülste, weicht aus Leibesmitte!
Ha, aus Fetten werden Fitte.
Höchste Wachsamkeit beim Essen.
Proteine, abgemessen.
Zwischendurch ein Power-Trank.
(Inklusive, gottseidank.)

Bizeps, Trizeps, Wadenkrampf,
Schweinehund, du fällst im Kampf!
Sankt Abdominalis,
wer lacht, stärkt den Facialis.
Training kommt von Tränen,
Klappe zu beim Gähnen.
Dehnen, dehnen, strampeln, stretchen,
Popo flott aufs Fahrrad quetschen.
Heiliger Grimaster,
für Blasen gibt es Pflaster.
Oh Gluteus maximus,
jetzt ist mit den Faxen Schluß.
Tschüß, bis nächsten Montag dann.
Klar, da fang ich richtig an!

Rittal oder: Trost

Ich hab' nicht in die Bilanzen geschaut,
aber eines ist klar: eine Fabrik,
die von außen so aussieht,
muß von innen so sein,
sonst wäre sie
ein Witz.
Und wir Deutschen
haben bekanntlich keinen Humor.

Nüchterne Lagebeschreibung

Dies ist der Ort,
wo die Kellergeister im Dachstübchen rumpeln,
wo sich Korkenzieher in Zauberstäbe verwandeln
und Öchsle in Affen.

Dies ist der Ort,
an dem Thomas die Ungläubigen mit
Liebfrauenmilch tauft
und mit ihnen zum Heiligen Trollinger betet
vor der Schlacht am Rauschenden Riesling.

Dies ist das Cabernet
Sauf-Ihn-Schon der spätgelesenen
Spundlochhusaren,
der Ritter von der Rankenden Rebe,

der Säurespielmeister,
die alle Kostverächter prostbezechter
zum Bocksbeutel jagen. Dies ist der Ort,
wo der Philosoph Merlot-Chianti
rumvollen Andenkens
den Strukturlallismus erfand,
dessen Kernsatz "in vino mehr ins Glas" lautet,
und dessen Weisheit so tief ist,
daß sie in keinem Barriquefaß ersäuft –
dies ist...

ein schamloser Ort. Ein Ort, nicht geheuer.
Meide ihn, wenn du Guttempler bist.

(Bahnhofsstr. 18. Durchgehend geöffnet.)

Spuren jüdischen Lebens (Austraße)

Einen Stein aufs Grab,
Kaddisch gesprochen.
Von wem, wenn nicht
von uns?

Herrenrunde oder: Auf ein Bürgerdenkmal gegenüber dem Rathaus

Wanderer, kommst du aus Herborn,
so sage, du habest uns hier stehn sehn,
drei an der Zahl,
in wehrhaftem Plausch die Stellung behauptend,
die das Verkehrsamt uns zuwies,
ein SchuMann, ein HoffMann, ein Nico-Co-
demus –
wer kennt die Namen, nennet sie noch? –
mit Gehstock, mit Sitzbauch,
mit Mütze, mit Zupfbart,
mit Hut und mit Gleichmut,
der Genius Loci, in Guß inkarniert,
auf nämlichem Pflaster,
worauf in Fleisch und Blut wir einstmals
gewandelt,
freilich mit flinkerem Fuß.

Sag aber auch,
daß es nicht recht sei,
wenn wir hier ohne Weibsleute stehen,
so schon dem Adam der Herr
die Gefährtin beigab.

Ja, soll denn gar ein Christenmensch denken,
daß sich's in Herborn
schlechter als im Paradiesgarten lebt?

Prosaische Zeilen
oder: Innovation 2004

1. Arbeitslosen-und Sozialhilfe werden zusammengelegt.
2. Vermögenswerte sind bei der Bedarfsbemessung anzusetzen.
3. Das Pfandhaus in der Hauptstraße ist von 8-18 Uhr geöffnet.

Ein schwebendes Verfahren
oder: Erinnerung an eine
Herkules-Arbeit

Dies ist ein Einkaufszentrum.
Dies ist der Plan für ein Einkaufszentrum.
Dies ist die Magistratsvorlage zum Plan für ein Einkaufszentrum.
Dies ist der Flächennutzungsplan zur Magistratsvorlage zum Plan für ein Einkaufszentrum.
Dies ist der Plan für die Änderung des Flächennutzungsplans zur Magistratsvorlage zum Plan für ein Einkaufszentrum
Dies ist die Diskussion über den Plan für die Änderung des Flächennutzungsplans zur Magistratsvorlage zum Plan für ein Einkaufszentrum

Dies ist das Protokoll über die Diskussion über
den Plan für die Änderung des
Flächennutzungsplans zur Magistratsvorlage zum
Plan für ein Einkaufszentrum.
Dies ist die Diskussion über das Protokoll über die
Diskussion über den Plan für die Änderung des
Flächennutzungsplans zur Magistratsvorlage zum
Plan für ein Einkaufszentrum.
Dies ist das Protokoll der Diskussion über das
Protokoll über die Diskussion über den Plan für
die Änderung des Flächennutzungsplans zur
Magistratsvorlage zum Plan für ein
Einkaufszentrum.
Dies ist das Ende des Protokolls der Diskussion
über das Protokoll über die Diskussion über den
Plan für die Änderung des Flächennutzungsplans
zur Magistratsvorlage zum Plan für ein
Einkaufszentrum.
Dies ist das Ende des Protokolls der Diskussion
über das Protokoll über die Diskussion über den
Plan für die Änderung des Flächennutzungsplans
zur Magistratsvorlage zum Plan..
Dies ist das Ende des Protokolls der Diskussion
über das Protokoll über die Diskussion über den
Plan für die Änderung des Flächennutzungsplans
zur Magistratsvorlage.
Dies ist das Ende des Protokolls der Diskussion
über das Protokoll über die Diskussion über den
Plan für die Änderung des Flächennutzungsplans.
Dies ist das Ende des Protokolls der Diskussion

über das Protokoll über die Diskussion über den Plan..
Dies ist das Ende des Protokolls der Diskussion über das Protokoll über die Diskussion.
Dies ist das Ende des Protokolls der Diskussion über das Protokoll
Dies ist das Ende des Protokolls der Diskussion
Dies ist das Ende des Protokolls.
Dies ist das Ende.

Inhalt

Eine Legende — 2
Konkurrenz — 4
Marktcafé — 4
Dill — 5
Stadtkirche — 6
Herborns Altstadt — 7
Kulinarische Notiz — 8
Rehberg-Park — 8
Altes Lied, Alte Heimat — 9
Zu einem Vorschlag, mehr Licht ins Dickicht der Städte zu bringen — 10
Alter Friedhof — 11
Die Uhr — 12
Europe in 5 days — 12
Der Brunnenlöwe — 13
Marktplatz — 14
Hauptstraße, Sommer — 15
Einer gewissen Bedienung in einem gewissen Herborner Bistro gewidmet — 16
Johanneum — 18
Echo und Blatt — 19
Eiscafé, draußen — 19
Der arme Icke — 20
Monolog im Pfarrhaus zu Herborn — 21
54 Sekunden — 25
Am Bahnhof — 26
Eine Erscheinung unweit der Hohen Schule — 29
Comenius — 33
Landesfarben am Imbiß — 34
Ode an die Freude — 34
Gelände im Umbruch — 35

Rathaus (barock) — 35
In Hitze — 36
Denkmal — 37
Theologisches Seminar — 39
Der Hickel-Hackel-Blues — 40
Schwalbe — 46
Die Liebe kommt — 46
Dillturm — 48
Fit hoch 3 — 49
Rittal oder: Trost — 51
Nüchterne Lagebeschreibung — 51
Spuren jüdischen Lebens — 52
Herrenrunde oder: Auf ein Bürgerdenkmal gegenüber dem Rathaus — 53
Prosaische Zeilen — 54
Ein schwebendes Verfahren oder: Erinnerung an eine Herkules-Arbeit — 54